글 배정원 (행복한성문화센터)

이화여자대학교 대학원에서 보건학 과정을 수료, 인제대학교 대학원에서 보건학 박사 학위를 받았습니다. 명지대학교 인문학 학사, 중앙대학교 언론학 석사이며, 인문학, 사회학, 보건학을 두루 공부한 성 인문학자로서 건강한 성과 좋은 관계를 알려주는 성교육·성 상담 전문가로 25년 넘게 일하고 있습니다.
 (사)청소년을 위한 내일여성센터 상담부장, 경향신문 미디어칸 성문화센터 소장, 연세성건강센터 소장, 대한성학회 회장, 한국양성평등교육진흥원 초빙교수, 국방부 소통전문위원 등을 거쳤으며 현재 행복한성문화센터 대표, 세종대학교 겸임교수, 대한성학회 명예회장입니다.
한 개인이 자기 몸과 마음을 잘 관리하고, 타인을 존중하고 좋은 관계를 맺으며, 주도적으로 행복한 삶을 살아갈 수 있도록 연구와 상담, 강의를 하고 있습니다. MBC 《일타강사》, tvN 《유 퀴즈 온 더 블록》 출연을 포함, 신문·방송 등 다수의 언론 매체에서 성 전문 패널이자 칼럼니스트로도 활약 중입니다.
펴낸 책으로는 『배정원의 사랑학 수업』, 『배정원 교수의 십 대를 위한 자존감 성교육』, 『명화 속 성 심리』 등이 있습니다.

글 전판교

2000년 만화가로 데뷔한 후, 어린이를 위한 만화 스토리를 쓰고 있습니다. 어린이의 정서와 눈높이에 맞춘 재미있는 스토리 속에 필수 상식과 학습 등의 유익함을 주고자 연구하고 있습니다.
그동안 쓴 책으로 『우리들의 MBTI 1: 성격 유형』, 『레벨업 카카오프렌즈 속담』, 『쿠키런 킹덤 전설의 언어술사』 시리즈, 『잠뜰TV 스틸하트: AI 로봇 VS 인간』 등이 있습니다.

그림 소윤

2016년에 웹툰 『그림자 밟기』를 연재했습니다.
그린 책으로는 『우리들의 MBTI』 시리즈(전 5권) 등이 있습니다.

우리들의
사춘기

❷ 우정 X 관계 X 사랑

우리들의 사춘기
② 우정 X 관계 X 사랑

초판 1쇄 발행 2024년 9월 12일
초판 4쇄 발행 2025년 10월 13일

글 배정원(행복한성문화센터)·전판교 그림 소윤

펴낸이 김선식
펴낸곳 다산북스

부사장 김은영
어린이사업부총괄이사 이유남
책임편집 윤보황 **디자인** 이정아 **책임마케터** 김희연
어린이콘텐츠사업2팀장 이지양 **어린이콘텐츠사업2팀** 이정아 윤보황 류지민 박미아
어린이마케팅본부장 최민용 **어린이마케팅팀** 안호성 이예주 김희연
편집관리팀 조세현 김호주 백설희 **저작권팀** 성민경 이슬 윤제희 **기획마케팅팀** 류승은 박상준
재무관리팀 하미선 임혜정 이슬기 김주영 오지수
인사총무팀 강미숙 이정환 김혜진 황종원
제작관리팀 이소현 김소영 김진경 이지우 황인우
물류관리팀 김형기 김선진 주정훈 양문현 채원석 박재연 이준희 이민운

출판등록 2005년 12월 23일 제313-2005-00277호
주소 경기도 파주시 회동길 490 **전화** 02-704-1724 **팩스** 02-703-2219
다산어린이 카페 cafe.naver.com/dasankids **다산어린이 블로그** blog.naver.com/stdasan
종이 신승INC **인쇄** 민언프린텍 **제본** 대원바인더리 **후가공** 제이오엘앤피

ISBN 979-11-306-7772-9
     979-11-306-5252-8 77750(세트)

+ 책값은 표지 뒤쪽에 있습니다.
+ 파본은 본사와 구입하신 서점에서 교환해 드립니다.
+ 이 책은 저작권법에 의하여 보호를 받는 저작물이므로 무단 전재와 복제를 금합니다.

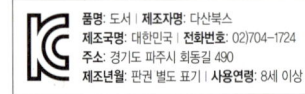

품명: 도서	**제조자명**: 다산북스
제조국명: 대한민국	**전화번호**: 02)704-1724
주소: 경기도 파주시 회동길 490	
제조년월: 판권 별도 표기	**사용연령**: 8세 이상

※ KC마크는 이 제품이 공통안전기준에 적합하였음을 의미합니다.

◆ 펴내는 글 ◆
사춘기가 찾아온 어린이들에게

　언제부터인가 여러분의 몸과 마음에 전에 없던 놀라운 변화가 일어나고 있다고요? 드디어 사춘기라는 인생의 한 과정에 도달했군요. 축하합니다!

　사춘기는 어린이가 어른이 되기 위해 건너는 다리 같은 시기예요. 그 다리를 특별히 혼자만 건너는 건 아니랍니다. 여러분의 부모님, 선생님도 그 시기를 잘 건너서 지금 훌륭한 어른이 된 것처럼, 여러분도 아주 잘 해낼 거예요.

　이 책에는 사춘기에 접어든 여러분의 몸과 마음이 어떻게 변하는지에 대한 성지식과 거기에 적응해서 어떻게 생각하고 또 행동해야 하는지에 대한 구체적인 이야기가 담겨 있습니다. 또 이 책에는 귀엽고도 약간 뻔뻔한, 그리고 가끔은 짓궂기도 한 '사춘기 요정'이 등장합니다. 이 요정들은 여러분의 사춘기에 동행하면서 흥미롭고 신나게 몸과 마음을 성장시켜 줄 거랍니다. 물론 처음에는 요정의 존재에 깜짝 놀라고 여러분에게 일어나는 다양한 변화가 당황스럽기도 하겠지만, 요정들과 함께하는 시간이라고 생각하면 사춘기가 좀 더 흥미진진하게 느껴지지 않나요?

　여러분이 이 책을 읽고 자신의 몸과 마음의 변화를 즐겁게 받아들이고, 성에 대한 궁금증을 해결하며 주도적으로 인생을 살아갈 수 있기를 응원합니다. 어른이 되는 과정이 처음이라 조금 겁날 수도 있지만, 분명 아주 흥미롭고 낭만적인 시간이 될 거예요. 여러분에게 찾아온 사춘기를 반갑게 맞이하면 좋겠습니다.

배정원

◆ 이 책의 특징 ◆

흥미진진 만화!
사춘기가 찾아온 아이들의 이야기를 만화로 읽으며, 몸과 마음이 성장하는 과정을 재미있게 살펴볼 수 있습니다.

사춘기 지식!
배정원 선생님의 사춘기 이야기로 성 관련 지식을 살펴보고, 어린이들의 실제 사춘기 성 고민을 해결할 수 있습니다.

정보 부록!
사춘기 어린이에게 도움 되는 현실적인 정보를 얻을 수 있습니다.

우리들의 사춘기 시리즈!
나의 몸과 마음을 이해하고, 더 멋진 내가 되는 사춘기 학습만화 시리즈입니다.

(총 3권 발간 예정)

차례

펴내는 글
사춘기가 찾아온 어린이들에게

등장인물 •8

프롤로그 중학생이 되었다! •10

1장 술, 담배 하는 게 멋있어? •16

술과 담배 · 마약 범죄
고민 : 친한 친구가 자꾸 술이랑 담배를 권하며 저를 어린애 취급해요.

2장 여자는, 남자는 어때야 해? •28

성별 고정 관념 · 성인지 감수성
고민 : 우리 할머니는 남녀 차별이 심해요. 늘 남동생만 챙기고 우리 집안 대들보라며 맛있는 것도 남동생부터 줘요.

3장 우리 사귈까? •40

내 마음 알고 표현하기 · 잘 만나기
고민 : 그 애가 나를 좋아하는지 어떻게 확인할 수 있을까요?

4장 자꾸 질투가 나! •52

질투 · 건강한 자존감
고민 : 여자 친구의 질투가 너무 심해서 자주 싸워요.

5장 만남이 있다면 헤어짐도 있다. •64

잘 헤어지는 법 · 좋지 않은 관계 알아차리기
고민 : 남자 친구와 헤어졌는데 자꾸 집 앞에서 기다리고, 메시지를 보내며 다시 사귀자고 해요.

6장 아기는 어떻게 생길까? •76

임신과 출산 · 성관계
고민 : 임신을 원하지 않으면 어떻게 하나요?

7장 우리는 언제쯤 준비가 될까? •90

성적 동의와 거절 · 십 대의 성관계
고민 : 어른들은 성관계를 왜 걱정하는 건가요?

8장 이런 걸 봐도 괜찮을까? •102

포르노 · 디지털 성범죄
고민 : 온라인에서 친해진 사람이 저에게 근육이 있는지 궁금하니 몸 사진을 찍어 보내라고 했어요. 그 정도는 괜찮나요?

에필로그 1학기를 보내며 •114

사춘기 돋보기
피임 용품의 종류 · 콘돔 사용법
성별 고정 관념의 종류
도움 요청 기관

등장인물

사춘기

어느 날 서연이와 민호에게 찾아온
신비로운 요정.

'사춘기가 왔다'라는 말처럼,
성장하는 때가 되면 모든 아이에게 나타난다.
신비한 힘으로 아이의 몸과 마음을 성장시키거나
지켜 주며 정체불명의 작은 요정들과 함께 다닌다.
다른 사람들 눈에는 보이지 않지만, 간혹 이들을
볼 수 있는 아이도 있다. 어른이 되면 사춘기 요정들을
볼 수 없게 되고 요정들도 떠난다.

서연

감정 표현이 풍부하고 눈치가 빠른
우리중학교 1학년 소녀.

활발하고 밝은 모습을 보이며
신중하고 섬세한 마음을 가지고 있다.

민호

장난기 많지만 따뜻한 마음을 지닌
우리중학교 1학년 소년.

서연이와 유치원 때부터 함께 어울려 자랐다.
또래 아이들보다 생각이 많은 편이다.

민준

등굣길에 넘어질 뻔한 서연이를
부축해 준 뒤 가까운 사이가 된 소년.

지수

민호 곁을 맴돌며 적극적으로
관심을 표현하는 당돌한 소녀.

은희 미지

서연이를 무척 좋아하고 잘 따르는
서연이의 단짝 친구들.

종철 현석

틈만 나면 민호에게 장난을 치는
민호의 단짝 친구들.

프롤로그

중학생이 되었다!

벚꽃 핀 봄, 우리에게 신경 쓰이는 사람이 생겼다.

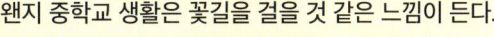

1장

술, 담배 하는 게 멋있어?

술과 담배

십 대의 흡연율이 높아지고 있어서 걱정입니다. 십 대가 음주와 흡연을 하는 이유는 마치 어른이 된 느낌이 들어서일까요? 사회에서 금지하는 것들을 남들보다 먼저 경험하면 왠지 좀 우쭐해지면서도, 한편으로는 나쁜 일을 하고 있다는 느낌이 들게 됩니다. 그래서 약간 불안해지기 때문에 친구들을 끌어들이기도 하지요.

십 대가 음주와 흡연을 하면 어른이 되어서 하는 것보다 훨씬 나쁜 영향을 받고, 위험한 결과를 초래합니다. 과학적으로 담배는 뇌에 영향을 줘서 기억력을 떨어뜨리고, 신체 발달을 방해해요. 게다가 술은 현실 감각과 판단력을 떨어뜨려서 위험한 행동을 하도록 이끌기도 합니다. 누군가와 쉽게 싸우게 되거나, 성적인 유혹에 빠지기 쉬워지며 우울증이나 불안이 심해질 수 있어요. 또 집중력이 떨어져서 학업에도 나쁜 영향을 줍니다.

무엇보다 술과 담배는 어린 나이에 시작할수록 심하게 중독될 가능성이 높아집니다. 술과 담배에 의존하게 되면 건강했던 자신으로 돌아가기가 어려워질 거예요. 어떤 일을 결정할 때 누군가의 부추김에 넘어가거나 호기심에 이끌리지 말고, 그 일이 자신의 인생에 긍정적인 영향을 미치는지를 생각해 보세요. 내 몸을 건강하게 잘 돌볼 책임은 '나'에게 있어요!

생각 키우기 | 마약 범죄

마약 청정국이라고 불리던 우리나라에 마약 범죄가 빈번히 일어나고 있습니다. 청소년의 마약 복용도 예외는 아닙니다. 마약은 중독성이 강하고, 정상적인 생활을 할 수 없게 하기 때문에 한 번도 해서는 안 됩니다. 마약 판매나 복용 유혹은 SNS, 인터넷 사이트, 학원가를 통해 많이 일어납니다. 또한 누군가 남이 주는 음료나 젤리, 사탕 같은 것도 조심해야 합니다. 한 번의 호기심으로 인생이 완전히 망가질 수 있으니 정말 주의하세요.

진정한 어른스러움

어른들이 하는 걸 따라 한다고 해서 결코 어른이 되는 건 아니에요. 술이나 담배 같은 것 말고, 책을 읽거나 운동을 하고 주어진 일을 열심히 하는 것이야말로 멋진 어른의 행동이에요. 당당한 생각과 행동이 훨씬 어른스럽답니다.

사춘기 상담 | 친한 친구가 자꾸 술이랑 담배를 권하며 저를 어린애 취급해요.

친구가 권하는 것을 거절하는 게 참 쉽지 않지요? 특히 사춘기는 누구보다 관계가 중요한 시기라 친구가 다른 아이들과 어울리거나, 나를 어린애 취급하면 정말 속상해져요. 그래서 '나도 술이나 담배를 해 볼까?' 하는 생각이 들 수 있지요. 하지만 해서는 안 된다는 걸 알고 있을 거예요. 좋은 친구라면 친구가 잘못된 선택이나 행동을 할 때, 용기 내어 단호하게 이야기하거나 거절할 필요가 있어요. 그렇지 않으면 나중에는 엄청 힘든 시간을 겪어야 할지 몰라요. 이럴 땐 다른 친구들과 이야기를 나누거나, 비슷한 고민을 가진 친구들과 대화하면 위로가 될 거예요. 또 술과 담배를 대신할 수 있는 재미있는 운동이나 취미 생활을 하면 스트레스도 풀리고 건강해져요.

성별 고정 관념

    성별 고정 관념이란 성별에 따라 많은 이들이 고정적으로 갖고 있는 생각과 특성, 역할 등을 의미해요. 예를 들어 "여자는 얌전해야지.", "여자가 왜 밤늦게까지 돌아다녀?", "남자가 왜 그렇게 겁이 많아?", "남자인데 그런 걸로 울어?"처럼 여자다움, 남자다움을 당연하고 자연스럽게 생각하고 말하는 것들이지요. 성별 고정 관념에 의하면 여자는 순종적이고 조용하고 보호받아야 할 존재이며, 남자는 대담하고 말수가 적고 감정 표현을 크게 하지 말아야 하는 존재로 '남자와 여자는 가정이나 사회에서 맡은 역할이 명백히 다르다'라고 여겨지지요. 이러한 성별 고정 관념은 우리의 일상에 자리 잡아서 깊이 영향을 미치고 있어요.

    이런 관념에 갇히면 여자도 남자도 불행해져요. 우리를 성별이라는 틀에 가두고 왜곡하여 보다 넓은 시각을 갖는 것을 방해하며, 남녀 관계를 불편하게 하거든요.

    여러분도 '성평등'이란 말을 많이 들어 봤지요? 성평등은 여성과 남성이라는 성별이 서로 차별받지 않고 평등한 관계여야 한다는 의미를 담고 있어요. 우리는 성별에 상관없이 자유롭고 개성을 가졌어요. 우리의 생활 방식과 문화는 계속 변화하는 것이고, 결국 우리가 만들어 가는 것입니다. 우리가 함께 사는 사회는 모두 공평하고 행복한 문화와 환경을 만들도록 노력해야 해요. 어떤 성별이 무엇을 잘하고 못하고를 따지기보다, 서로의 다른 점을 알고 이해하고 도우면 더 재미있고 행복한 사회가 될 겁니다.

생각 키우기 | 성인지 감수성

성인지 감수성은 '성별 사이의 어려움이나 불평등한 상황을 민감하게 느끼고, 그것을 극복하려는 옳은 시도를 할 수 있는 능력'을 의미합니다. 여자니까 오빠 식사를 챙겨주라거나, 무거운 물건을 남자에게만 옮기라고 하는 사람을 볼 때 여러분은 어떻게 느끼고 어떤 생각을 하나요? 이런 상황을 불평등하다고 생각할 수 있으며, 공평한 대안을 생각해 내는 능력이 바로 성인지 감수성입니다.

> **성별 고정 관념을 깨는 작은 용기**
> 주변의 편견에 맞서는 것이 쉽지 않지만, 용기를 낸다면 여러분은 더 자유롭고 행복할 수 있어요. 성별 고정 관념에 도전하는 그 과정에서 여러분은 더 강해지고, 자신을 더 잘 이해하게 될 거예요.

사춘기 상담 | 우리 할머니는 남녀 차별이 심해요. 늘 남동생만 챙기고 우리 집안 대들보라며 맛있는 것도 남동생부터 줘요.

할머니는 남자가 여자보다 더 귀하다고 생각하던 시대를 사셨지요. 할머니도 여자라 대우를 받지 못하셨을 텐데, 그 차별을 손녀에게도 겪게 하신다니 안타깝네요. 그만큼 사람의 생각은 쉽게 바뀌지 않는답니다. 우선 할머니가 그런 세월을 사셨다는 걸 이해하고 잘 말씀드리면 어떨까요? "할머니, 할머니도 차별을 받고 사셨는데, 손녀인 저도 그렇게 살기를 원하시나요? 이제는 세상이 좋아져서 남녀 구별 없이 모두 자기가 원하는 걸 하고, 그것에 맞게 대접받는 시대니까 그러지 마세요."라고 분명하게 말하는 거예요. 어려우면 부모님께 먼저 고민을 이야기하고 도움을 청해 보세요.

3장

우리 사귈까?

내 마음 알고 표현하기

사춘기에는 이제까지와는 다른 경험을 하게 됩니다. 신체가 쑥쑥 자라는 것과 함께 성적인 관심이 생기고, '우정과 사랑'이라는 특별한 감정에 빠지거든요. 혹시 어느 날 갑자기 누군가에게 가슴이 쿵쿵 뛴 적 있나요? 얼굴이 붉어지고 긴장해서 말을 더듬고 마치 꿈을 꾸는 것 같다고요? 모두 성호르몬 때문에 일어나는 일이지만, 다른 사람을 나만큼 중요하게 생각하는 일은 정말 멋진 경험이랍니다.

혹시 누군가에게 관심이 가면 과감하게 다가가서 말을 거는 용기가 필요해요. 상대방의 좋은 점을 칭찬하거나, 힘든 일이 있을 때 응원해 주는 것으로도 마음을 표현할 수 있지요. 누군가 내게 다가와 말을 걸었다고 해도 마찬가지예요. 관심이 가면 웃어 주기도 하고, 친절하게 대답하는 거죠. 하지만 상대가 관심을 보여준다고 해서 여러분도 꼭 관심을 가져야 할 필요는 없어요. 관심이 없다면 거절하면 되지요. 그래도 내게 호감을 느낀 상대에게 너무 냉정할 필요는 없겠죠? 또한 내 마음을 상대가 거절한다면 마음은 쓰리겠지만 그 뜻을 존중해야 합니다.

누군가와 사귄다는 것은 나와 다른 사람을 특별히 알아갈 수 있는 아주 좋은 기회입니다. 많은 사람을 만나며 사귀고, 헤어지기도 하면서 나와 잘 맞는 사람을 알아보는 안목을 키우는 시작이라고나 할까요?

생각 키우기 | 잘 만나기

　누군가를 특별한 감정으로 좋아하는 경험은 정말 놀라움의 연속이랍니다. 설레기도 하고 기쁘기도 하지만 상대에 대한 서운함이나 속상함도 들고 때로는 싸우기도 하지요. 그래서 사랑은 '좋다', '싫다' 같은 단순한 감정이 아니라 그 안에 희로애락이 다 들어 있는 소중한 경험이랍니다. 우리는 누군가를 깊이 좋아하는 관계를 겪으면서 상대방뿐 아니라 자신을 더 잘 이해하고 알아 가게 되거든요. 좋아하는 사람과 좋은 만남을 이어가기 위해서는 나 자신의 감정을 잘 알고 상대방을 존중하는 것이 중요해요.

관계를 잘 유지하는 방법
- 상대의 의견, 가치관, 생활 방식 등을 내가 좋아하는 쪽으로 끌고 가려고 하지 않기
- 상대의 기분을 지나치게 신경 써서 자신의 기분이나 생각을 억누르지 않기
- 서로의 개성과 일상적인 활동을 인정하기
- 신체 접촉이나 성적인 행동은 반드시 서로의 동의를 얻기

사춘기 상담 | 그 애가 나를 좋아하는지 어떻게 확인할 수 있을까요?

　사람들은 누구나 자신이 상처받지 않고 안전하기를 바라지요. 그래서 상대도 나를 좋아하는지를 알고 싶어 해요. 몇 가지 신호가 있습니다. 첫째, 상대가 나와 자주 눈을 마주치고, 내 말에 맞장구를 잘 치고, 잘 웃어줍니다. 둘째, 나와 있는 시간을 좋아하고, 무언가를 함께 하고 싶어 합니다. 셋째, 상대가 내 생각이나 성격을 궁금해하고, 일상을 물으며 나를 더 알고 싶어 합니다. 반대로 상대가 늘 시간이 없다고 말하고 연락을 잘 하지 않는 것 같다면 관심이 없는 거예요. 하지만 너무 사소한 일을 확대하여 해석하지 말고, 상대방이 나를 대하는 태도를 주의 깊게 살펴보세요.

4장
자꾸 질투가 나!

어느덧 민준이와 사귄 지 벌써 한 달이 지났어요.

좋아하는 사람과 손을 잡고 걷는 것은 행복한 기분을 느끼게 해서 좋아요.

질투

우리는 우정이든 사랑이든 누군가와 친밀한 관계를 이어갈 때, 때때로 '질투'라는 감정을 느낍니다. 사춘기에는 친구, 선후배 등 다양한 관계 속에서 자신의 정체성을 찾기 때문에 관계에 대한 고민이 더욱 많아져요.

질투는 상대를 좋아하기 때문에 생긴다고 생각하지만 사실 아주 복잡하고 대개 자신의 문제일 때가 많아요. 상대와의 관계가 불안할 때, 자기 스스로 부족함을 느낄 때 질투가 일어나지요. 먼저, 질투가 일어나는 원인에 대해 생각해 볼까요? 질투는 스스로에 대한 확신이 부족해서 자신감이 떨어질 때, 혹은 상대를 잃을지도 모른다는 불안감에서 일어납니다. 또는 이전 관계에서 배신을 겪었다거나, 상대방을 '나의 것'으로 여기는 마음에서 질투가 생길 수 있답니다. 질투라는 감정은 때로는 고통스럽지만, 이를 통해 우리는 많은 것을 배울 수 있어요. 적절한 수준의 질투는 관심과 애정의 표현이기도 해서

관계를 더 돈독하게 만들 수도 있죠. 하지만 과도한 질투는 상대방을 구속하고, 신뢰를 잃을 수 있어요. 상대가 자신에 대한 믿음이 없다는 생각에 실망하고, 자신을 너무 구속하면 결국 벗어나고 싶은 게 사람 마음이거든요. 질투 때문에 상대를 자꾸 의심해야 하는 사람도 힘든 건 마찬가지예요. 이는 결국 서로 지치게 하고 관계를 해칠 수 있답니다. 질투는 나쁜 감정이 아니지만 그것을 어떻게 다루느냐가 중요해요.

생각 키우기 | 건강한 자존감

건강한 자존감(자신을 소중히 하는 마음)을 가진 사람은 질투를 덜 하는 경향이 있어요. 자신을 가치 있다고 느끼는 사람은 상대의 사랑도 잘 믿을 수 있으니까요. 여러분도 자신의 장점을 찾고 인정하는 연습을 해 보세요. 새로운 취미나 활동을 통해 자신감을 키우면 더욱 좋아요. 건강한 관계는 서로를 이해하고 존중하는 데서 시작됩니다. 상대방의 감정을 이해하려 노력하면서도, 자신의 마음을 지키는 균형이 중요하지요. 분명 사람들과 더 강하고 신뢰 있는 관계를 만들어 갈 수 있을 거예요.

> **질투하지 않기 위한 노력**
> - 나는 충분히 사랑받을 자격이 있음을 느끼기
> - 질투하는 감정을 잘 인식하고 인정하기
> - 감정을 글로 써 보고 상대와 솔직하게 대화하기
> - 상대방의 개인적인 시간과 공간을 인정하기

사춘기 상담 | 여자 친구의 질투가 너무 심해서 자주 싸워요.

좋아하는 사람이 자꾸 내 마음을 의심하고 행동을 제한하면 정말 속상하지요. 사람은 자유로움을 원하는 존재라 간섭이나 구속을 당하면 벗어나고 싶어합니다. 여자 친구가 질투할 때 우선 무엇 때문에 그러는지 솔직하게 물어 보세요. 대화할 때는 상대의 감정을 먼저 공감해 준 뒤에 안심시켜 주세요. "나는 너를 정말 소중하게 생각해. 우리 관계를 중요하게 생각하고 있어."라고요. 그리고 약속을 지키는 정직한 행동을 보여 주세요. 또 함께 시간을 보내며 상대방의 장점을 구체적으로 칭찬해 주면, 싸울 일은 줄어들 거예요. 좋은 관계를 유지하려면 큰 노력이 있어야 해요. 이건 친구 관계에서도 마찬가지예요.

5장
만남이 있다면 헤어짐도 있다.

잘 헤어지는 법

언젠가부터 그 애를 만나는 일이 더 이상 신나지 않는다고요? 아무것도 아닌 일에 싸우게 되고, 다른 친구랑 노는 게 더 좋다고요? 사랑이란 감정은 롤러코스터처럼 변화무쌍해요. 그렇기에 성급하게 이별을 결정하지 말고 신중하게 생각해 보세요. 하지만 그럼에도 좋아하는 마음이 없다고 느끼면 이별을 준비해야 합니다.

헤어질 때는 시간을 끌지 말고 상대에게 자신의 마음을 솔직하게 알려줘야 해요. 혹시 상대가 울거나 붙잡는다 해도 이별을 번복하지 않습니다. 문제를 해결할 수 없다면 또다시 이별해야 할 테니까요. 헤어질 때는 사람들이 적당히 있으면서 방해받지 않는 곳에서 직접 만나서 이야기하는 게 좋습니다. 또한 애매하게 돌려 말하지 말고 명확하게 말해야 하고, 상대의 잘못을 탓하거나 비난하지 말아야 합니다. "우리 둘 다 좋은 감정으로 만났지만, 이제는 잘 맞지 않는 것 같아."라고 말할 수 있겠지요.

이별 후에는 서로 연락을 자제하고 시간을 가지세요. 그동안 못했던 활동을 하거나, 이 관계에서 무엇을 배웠는지 생각해 보며 다음 관계에서는 어떻게 하고 싶은지 계획해 보는 것도 좋습니다.

관계에서 가장 중요한 건 자신과 상대방 모두를 존중하는 마음이에요. 때로는 어려움이 있더라도, 이 경험을 통해 더 성장할 수 있을 거예요!

생각 키우기 | 좋지 않은 관계 알아차리기

　누군가와 진지하게 만날 때 생각해 봐야 하는 것이 있어요. 둘의 관계가 평등하고 서로를 존중하고 있는가, 서로의 일상과 개성을 인정하고 있는가 하는 것이지요. 좋지 않은 관계를 어떻게 알 수 있을까요? 먼저 상대에게 내가 너무 집착하거나 내가 집착의 대상이 되지 않는가 확인하는 것이에요. 가족이나 친구를 만나는 것을 싫어하고, 자신의 곁에만 잡아 두려고 하는 사람은 조심해야 해요. 처음엔 '나를 정말 좋아하는구나!' 생각이 들어서 기쁘지만, 결국 나를 꼼짝도 못 하게 하는 감옥 같은 관계가 될 수 있어요. 내가 사람들과 시간을 보내거나 공부나 활동을 하는 것을 막는 사랑의 감옥은 멋지지 않아요. 그 감옥에 갇히면 다른 사람들로부터 고립되게 됩니다. 또 상대가 나의 외모나 성격을 비난하고 심지어 놀림의 대상으로 삼는다면 그 관계는 건강하지 않아요. 사랑하는 사이라면 비판이나 평가보다는 응원하고 격려해 주는 게 당연하지 않을까요?

사춘기 상담 | 남자 친구와 헤어졌는데 자꾸 집 앞에서 기다리고, 메시지를 보내며 다시 사귀자고 해요.

　이런 상황에서는 마음을 굳게 먹고, 분명하고 단호하게 자기 뜻을 밝히는 것이 필요해요. 물론 상대를 비난하거나 너무 자극할 필요는 없습니다. 그리고 SNS 스토킹을 할 수 없도록 차단하세요. 두렵거나 마음이 약해져서 따로 만나거나, 그의 행동을 참으면 점점 더 심해질 수도 있으니, 주위의 어른에게 말씀드려서 도움을 받는 것도 좋아요. 연애가 끝나더라도 이와 같이 상대의 의견을 존중하지 않거나 복수하려는 마음을 먹어선 안 됩니다.

6장
아기는 어떻게 생길까?

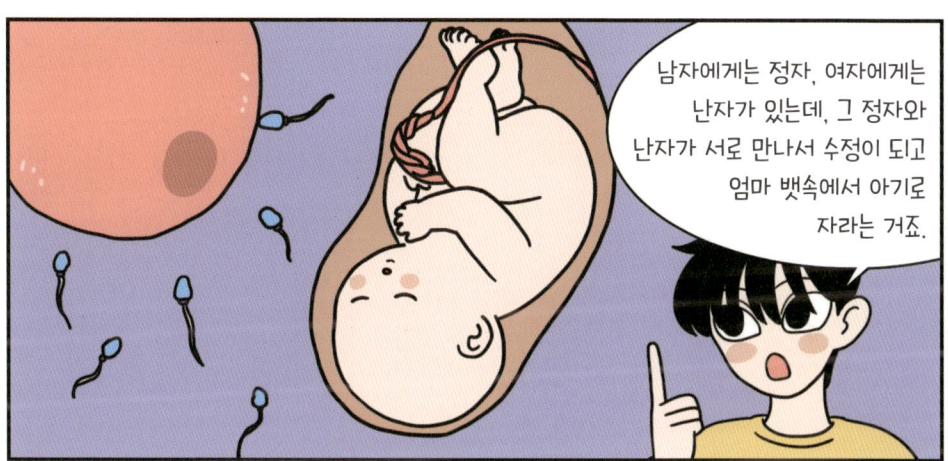

임신과 출산

임신은 남자의 정자와 여자의 난자가 만나 수정이 되고, 이 수정란이 여자의 자궁에 착상하며 이루어져요. 여자가 임신하면 월경이 중단되고, 몸과 마음에 많은 변화가 일어나지요. 임신 초기에는 월경이 중단되었는데 피가 나오기도 합니다. 이를 착상혈이라고 부르지요. 또 이유 없이 속이 메스껍거나 구토를 하기도 하고 가슴이 붓고 단단해지며, 젖꼭지의 색깔이 짙어집니다.

수정란은 40주 동안 서서히 엄마의 뱃속에서 자라면서 점점 아기의 모습을 갖추어 가요. 태아가 자라면서 엄마의 배도 점점 커집니다. 태어나기 직전 태아의 무게는 3~4kg 정도이며, 엄마는 자궁의 양수 무게 등 7~8kg 이상의 무게를 지탱해야 하지요. 이 때문에 몸속 장기와 척추뼈가 눌리고 소화가 잘 되지 않으며 숨이 찹니다. 아기가 자랄수록 엄마는 허리도 아프고 몸이 부어서 힘들어지기 때문에 많은 배려를 받아야 합니다.

임신 40주가 되면 태아는 완전히 성장하고 출산을 준비해요. 엄마에게 출산의 신호인 진통이 시작되면 아기와 엄마는 함께 힘을 합쳐서, 드디어 아기가 세상으로 나옵니다. 어떤 과정이든 임신과 출산은 아기와 엄마에게 힘든 일이지만 정말 대단한 일이지요. 이 세상의 엄마는 모두 위대해요!

생각 키우기 **성관계**

남자의 정자와 여자의 난자가 만나려면 남자와 여자가 성관계를 해야 합니다. 성관계는 남자의 발기된 음경이 여자의 질로 들어가 사정을 하는 것을 포함해 그 전과 후의 성행위 모두를 의미합니다. 눈을 마주 보고, 이름을 부르고, 키스를 하고 서로 어루만지는 모든 행위가 포함된 것이 성관계예요. 우리는 이 성관계를 통해 아기를 낳아 가족을 구성하고 사랑을 표현하고 확인하며, 즐거움을 나눕니다. 성관계는 서로 사랑하고 믿음을 가진 상대와 성적 욕구를 나누고, 마음을 표현하는 소통의 도구이기도 합니다.

인공 수정과 시험관 아기 시술

성관계를 통해 임신이 어려운 경우, 인공 수정이나 시험관 아기 시술을 받기도 해요. 인공 수정은 남자의 정액에서 채취한 건강한 정자를 가느다란 관을 통해 여자의 자궁에 넣어 수정이 일어나 착상하도록 유도하는 방법이고, 정자와 난자를 시험관에서 수정시켜 그 수정란을 자궁에 이식하여 착상시키는 것을 시험관 아기 시술이라고 해요.

사춘기 상담 **임신을 원하지 않으면 어떻게 하나요?**

남자와 여자가 성관계를 하면 반드시 임신의 가능성을 생각해야 합니다. 성관계를 하는 두 사람은 이에 대해 충분히 논의하고 고민을 함께해야 해요. 성관계 후 임신의 책임은 두 사람 모두에게 있어요. 그래서 임신을 원하지 않는다면 피임을 해야 합니다. 피임의 방법으로는 콘돔, 먹는 피임약, 기구 피임 등 여러 가지가 있습니다. 가장 효과적인 피임은 금욕(성관계를 하지 않는 것)이지만, 준비되지 않은 시기에 아기를 가지는 일은 피해야 하기에 피임 종류와 방법을 알아두어야 합니다.

임신 과정과 확인 방법

임신이란 성관계 또는 시험관 시술로 정자와 난자가 만나 수정이 된 뒤, 난관을 따라 자궁으로 내려온 수정체가 여자의 자궁 내벽에 무사히 착상을 한 순간부터를 말해요. 아기가 될 새 생명이 자라는 거죠.

정자와 난자의 수정 과정

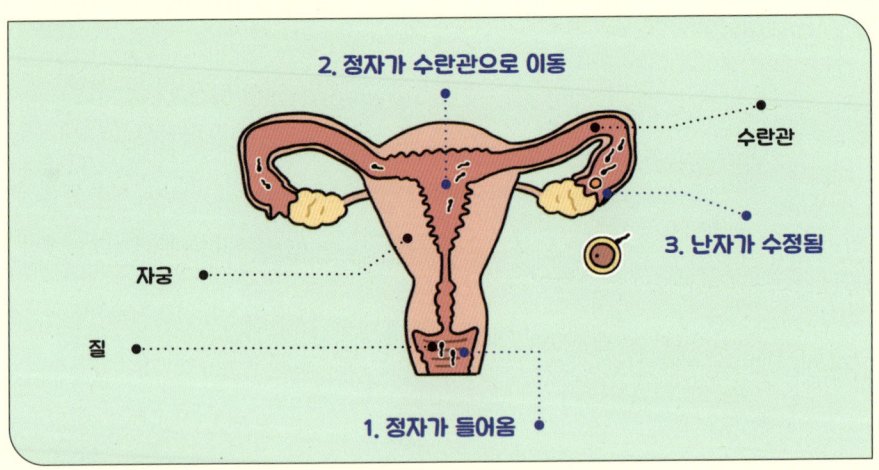

임신 확인 방법

임신은 성관계 후, 월경이 중단되면 약국에서 임신 테스트기를 구입하여 임신을 진단해 보고 산부인과 병원에 가서 정확하게 확인합니다.

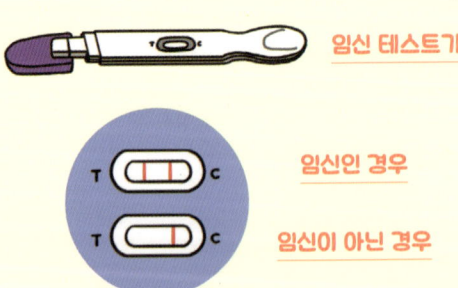

출산(자연 분만) 과정

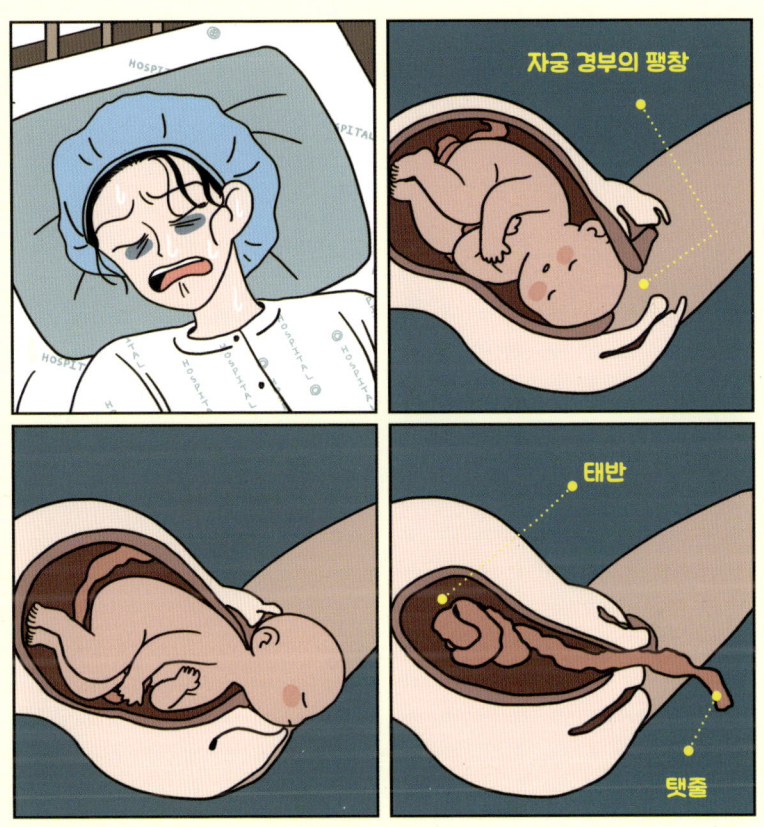

1단계 수정된 지 40주가 되면 아기가 태어날 준비를 해요. 이때 엄마는 산통을 느끼고, 태아를 감싸고 있던 양수가 터져요.

2단계 자궁 경부가 팽창하고 넓어져요.

3단계 태아가 산도를 통해 밖으로 나와요.

4단계 떨어져 나온 태반이 배출돼요.

7장
우리는 언제쯤 준비가 될까?

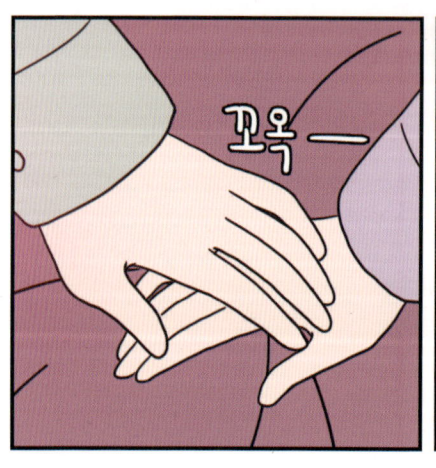

성적 동의와 거절

누군가와 손을 잡거나 껴안는 등 스킨십을 할 때에는 서로 스킨십을 할 만큼 친한 관계인지 고민하고 서로를 존중하면서 이루어져야 합니다. 상대가 이 행동을 동의하는지, 거절하는지에 대해서 생각하고 예민해져야 하지요. 동의를 확인하는 가장 좋은 방법은 말로 물어 보는 거예요. "이렇게 해도 괜찮아? 하지 않았으면 좋겠다면 말해줘."라고요. 상대방의 동의 없이는 스킨십을 해서는 안 됩니다. 만약 어제 뽀뽀하는 것을 동의했더라도 오늘은 거절할 수 있어요. 반드시 다시 물어봐야 하며 상대의 동의가 없는 행동은 폭력이에요.

좋아하는 상대의 요구를 거절하기는 쉽지 않지요. 그래서 평소에 '좋다', '싫다' 같은 의사 표현을 분명하게 하는 연습을 하는 것이 좋습니다. 거절할 때는 상대가 동의했다고 오해하지 않도록 말끝을 흐리거나 거절이 불편해서 웃음으로 마무리하거나, 침묵해서는 안 되며 단호하게 말해야 해요. 또한 동의는 상대방의 기분이 아닌 자신의 생각과 감정이 어떤지 판단하고 스스로 해야 합니다. 내 몸의 주인은 바로 '나'입니다.

생각 키우기 — 십 대의 성관계

십 대에게 일어나는 성관계는 계획 없이 충동적으로 일어나는 경우가 많아요. 밀폐된 공간에 둘만 있다가, 부모님이 안 계신 집에서 숙제하다가, 애초에 그럴 생각은 없었는데, 갑자기 분위기에 휩쓸려 일어나 버리기도 하지요. 그래서 서로의 행동을 각자 스스로 책임질 수 있는지 사전에 진지하게 생각해 봐야 해요.

성관계로 인해 일어날 수 있는 부정적인 일들
- 원치 않는 임신과 성병 감염에 대한 두려움
- 감정적인 죄책감과 고통
- 스킨십 위주의 만남을 하게 되는 것
- 상대와 관계가 복잡해질 수 있음
- 주변의 평판이 나빠짐

사춘기 상담 — 어른들은 성관계를 왜 걱정하는 건가요?

성숙하지 않은 사춘기에 성관계를 하면 앞으로의 인생에 부정적인 변화가 일어날까 봐 걱정되어서 그렇습니다. 사귄다고 해서 꼭 스킨십을 해야 하는 것은 아니에요. 사랑은 함께 즐거운 시간과 감정을 공유하는 것으로 나누고 표현할 수 있어요. 성관계에는 책임이 따릅니다.

십 대가 임신에 관해 생각해 볼 일들
- 부모님께 어떻게 이야기해야 할까?
- 공부하면서 아기를 돌볼 수 있을까?
- 아기를 기르는 데 필요한 돈을 벌 수 있을까?
- 학교를 졸업할 수 있을까?
- 인생의 목표(꿈)를 이룰 수 있을까?

8장
이런 걸 봐도 괜찮을까?

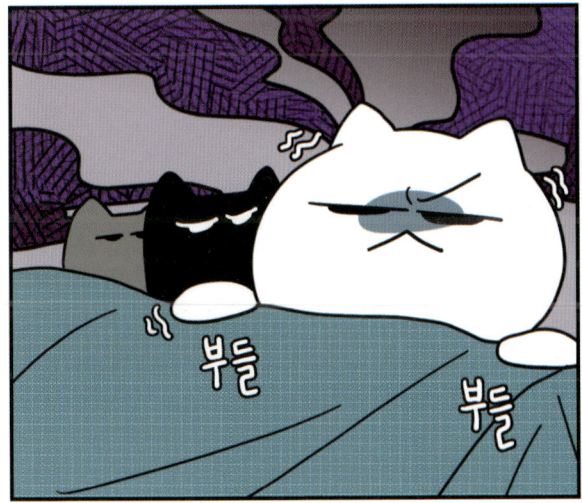

포르노

포르노(pornography)는 인간의 성적 행위를 묘사한 소설, 영상, 사진, 광고 등을 모두 일컫는 말이에요. 성적 환상을 글이나 그림, 영상으로 표현한 것들이지요. 팬픽, 만화, 성인 잡지에 실리는 노출이 심한 사진, 에로틱한 영화들이 모두 포르노에 포함돼요. 요즘은 인터넷으로 숙제를 하거나 SNS 알고리즘을 통해 성인 광고를 접하면서 성에 대해 처음 접하기도 해요.

우리가 성적인 호기심을 가지는 건 자연스러운 일이지만, 포르노는 주로 상업적인 이익을 얻기 위해 만들어져요. 그래서 일부러 자극적으로 보여주고 성에 대한 잘못된 정보와 왜곡된 인식을 심어주기 쉽습니다. 주로 남자의 성기, 여자의 가슴과 엉덩이 같은 신체 부위를 과장되게 표현하기 때문이에요.

사람은 누구나 성적 환상을 가질 수 있어요. 그리고 그 환상이 무궁무진해도 내 머릿속에만 있거나, 자신과 남을 불편하게 하거나 다치게 하는 것이 아니라면 어떤 환상도 문제가 아니지요. 하지만 포르노로 성이나 성관계에 대해 배우는 것은 적절하지 않아요. 포르노는 중독되기 쉬워서, 자주 접하게 되면 점점 더 자극적인 영상을 찾게 되고 나도 모르게 장면이 맴돌거나, 사람을 볼 때도 자꾸 부적절한 생각을 하게 되어 일상생활이 힘들어질 수 있어요. 또한 여자에 관한 생각과 가치관이 왜곡되어 상대에게 심각한 오해를 일으킬 수도 있어요.

생각 키우기 | 디지털 성범죄

예전에는 포르노를 만드는 사람과 유통하는 사람, 그것을 소비하는 사람이 분명하게 구분되어 있었지만, 지금은 스마트폰과 영상 매체의 발달로 인해 누구나 영상을 촬영하고 SNS에 공유할 수 있게 되었어요. 그래서 일상에서 누군가를 동의 없이 사진이나 영상으로 몰래 찍고, 그렇게 찍은 불법 촬영물을 다른 사람들에게 노출하거나 다운로드해서 보는 디지털 성범죄가 심각하게 일어나고 있어요. 그런 행동은 정말 중대하고 무서운 범죄입니다.

> **디지털 성범죄 도움을 받을 수 있는 기관**
> - 여성 긴급전화 1366
> - 청소년 상담전화 1388
> - 탁틴내일 아동청소년성폭력 상담소 02-3141-6191
> - 아하 서울시립청소년성문화센터 02-2677-9220
> - 디지털성범죄피해자 지원센터 02-735-8994
> - 한국사이버성폭력대응센터 02-817-7959

사춘기 상담 | 온라인에서 친해진 사람이 저에게 근육이 있는지 궁금하니 몸 사진을 찍어 보내라고 했어요. 그 정도는 괜찮나요?

잘 알지 못하는 사람에게 자신의 사진을 온라인으로 보내는 것은 몹시 위험한 일이 될 수 있어요. 옷을 다 입고 찍었더라도 요즘 온라인에서는 얼마든지 딥페이크(얼굴을 다른 사람 몸에 붙여 만드는 것)를 해서 나쁜 일에 이용할 수도 있거든요. 심지어 벗은 몸에 얼굴까지 나온 사진이면 더욱 위험합니다. 자신의 사진을 가볍게 자랑해서는 안 돼요. 온라인에서 만난 사람을 무조건 믿지 마세요. 특히 이유 없이 선물이나 게임 아이템을 주는 경우라면 정말 위험합니다. 인터넷에 사진이나 영상이 올라가면 빠르게 퍼지기 쉬우므로 모두 찾아내어 삭제하기 너무나 어려워요. 정말 무서운 일이니, 조심해야 해요.

에필로그

1학기를 보내며

날씨가 점점 더워지고

어느덧 중학교 1학년 1학기가 끝나 가고 있다.

나는 민준이와 여전히 잘 사귀고 있다.

우리는 어른도 아이도 아닌 그 중간 어디에선가

사춘기와 함께 성장하고 배우는 중이라는 사실을 말이다.

사춘기 돌보기

사춘기 생활에 도움이 되는
정보를 살펴봐요!

피임 용품의 종류

콘돔

성관계 전에 남자의 성기에 씌워서 질내 사정을 막는 피임 용품이에요. 편의점과 약국에서 구입할 수 있으며, 가격이 저렴하고 성병 예방 효과가 높아요.

경구 피임약

여자가 먹는 피임약으로, 생리 주기 첫날부터 28일 동안 매일 같은 시간에 복용해야 해요. 의사의 처방 없이 약국에서 구입할 수 있어요.

루프

의사의 시술을 통해 자궁 안에 삽입하여 장치하고 수정란의 착상을 방해해요. 비용이 비싸지만 5년 정도 사용 가능해요.

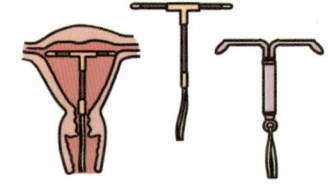

임플라논

의사의 시술을 통해 여자의 팔 안쪽 피부 밑에 호르몬 봉을 넣어 장치해요. 비용이 비싸지만 3년 정도 사용 가능해요.

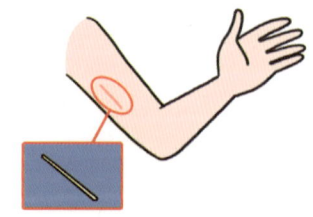

콘돔 사용법

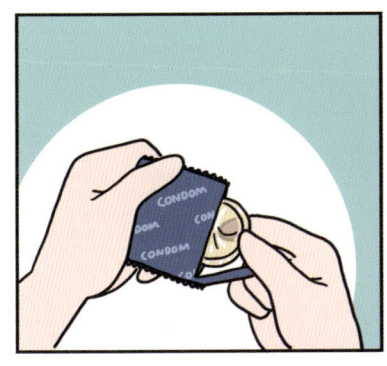
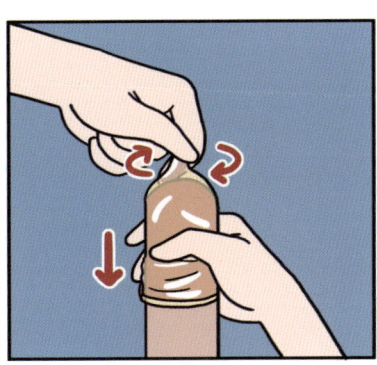

1단계 콘돔이 찢어지지 않게 주의하며 포장에서 꺼내요.

2단계 콘돔의 링을 외부로 향하게 하고 끝을 비틀어 공기를 빼요.

3단계 사정 후 발기된 상태에서 콘돔 끝을 잡고 제거해요.

4단계 사용한 콘돔을 묶어서 휴지에 감싸서 버려요.

성별 고정 관념의 종류

성별 고정 관념은 아래와 같이 여자다움, 남자다움을 당연하고 자연스럽게 생각하고 말하는 것들이에요. 우리를 성별이라는 틀에 가두지 말고 성별에 상관없이 각자 모두 자유롭고 개성을 가진 존재임을 인정해 나가요.

남자에 대한 고정 관념

적극적
힘이 셈
든든함
당당함
책임감
이성적임
키가 큼

여자에 대한 고정 관념

수동적
연약함
섬세함
얌전함
순종적임
감정적임
날씬함

남자 주부   여자 소방관   여자 CEO   남자 간호사

도움 요청 기관

학교 폭력, 성폭행, 성 고민 등의 상황과 마주했다면 용기를 내서 지원 단체에 도움을 요청하세요.

문제 상황	도움 기관	전화번호
성 고민, 성폭력 상담 등	탁틴내일	02-3141-6191
가출, 학업 중단, 고민 상담 등	청소년사이버상담센터	1388
성폭력 상담 등	한국성폭력상담소	02-338-5801
학교 폭력 신고, 상담 등	아동·여성·장애인 경찰지원센터	117
성 고민 상담, 성교육 등	아하!서울시립청소년성문화센터	02-2677-9220

<우리들의 MBTI> 친구들을 찾아라!

보너스 페이지

어린이 분야 최초 MBTI 성격 유형 만화 시리즈!

❶ 성격 유형
❷ 친구 관계
❸ 가족 관계
❹ 학습 유형
❺ 진로 선택

시리즈 특징

- 개성 가득한 MBTI 캐릭터들의 이야기를 만화로!
- 권별 주제에 관한 고민을 심리 상담 전문가의 답변으로 해결!
- 유형별 특징, 친구 관계, 가족 관계, 공부법 수록!
- MBTI 포토 카드부터 공부 플래너까지, 권별 특별 부록 증정!

총 5권

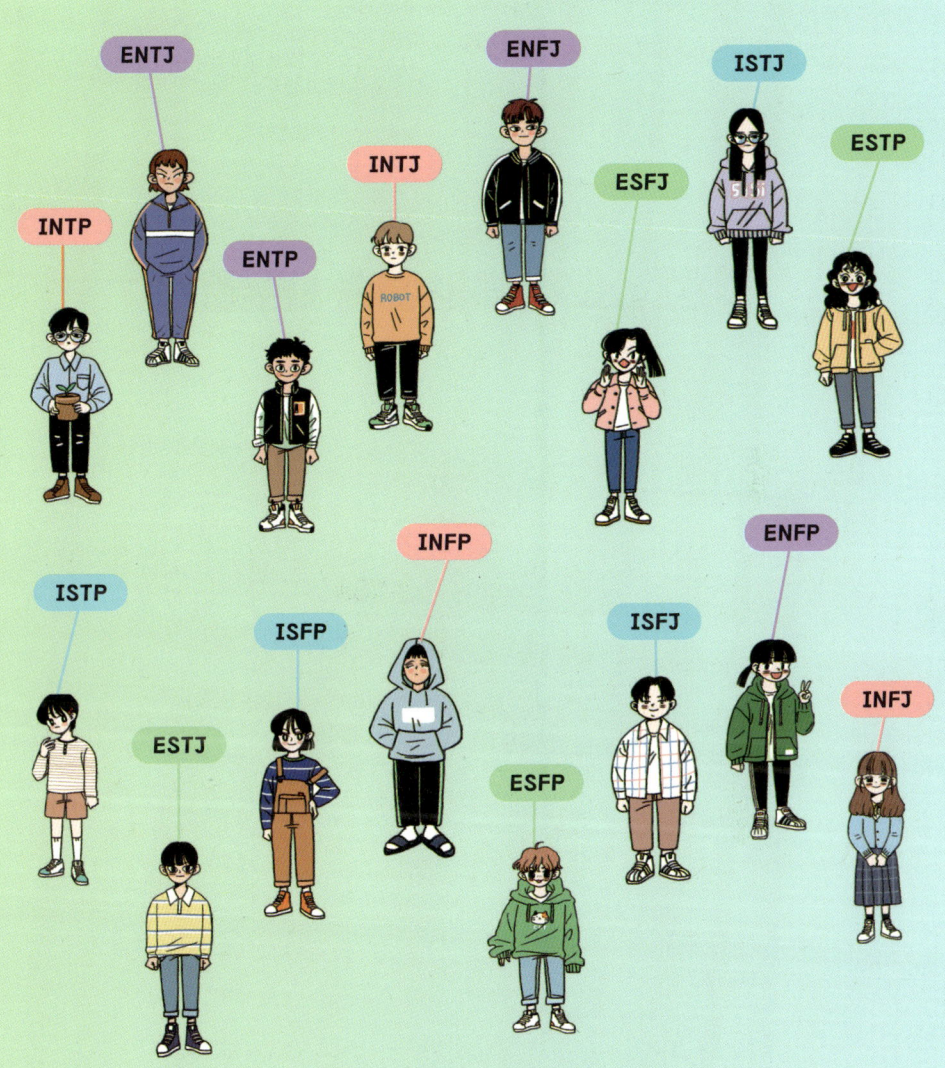

<우리들의 사춘기> 본문 만화에는
<우리들의 MBTI> 시리즈 주인공들이 숨어 있어요.
만화에 깜짝 등장하는 MBTI 친구들을 찾아보며
다시 읽어 보세요!